LE BOURDON

DE NOTRE-DAME

DE

BOURG-EN-BRESSE.

BOURG-EN-BRESSE,

IMPRIMERIE DE MILLIET-BOTTIER.

1856.

BÉNÉDICTION

DES SEPT CLOCHES

DE L'ÉGLISE DE NOTRE-DAME DE BOURG;

Le 31 mai 1855.

Depuis la fondation de nos grandes cathédrales, aucune cérémonie ne fut plus solennelle, plus touchante, que celle qui a eu lieu dans l'église Notre-Dame pour la bénédiction de sept cloches neuves, parmi lesquelles se voyait le magnifique bourdon, pesant près de huit mille livres.

La ville avait revêtu un air de fête; de nombreux étrangers étaient arrivés dans la vieille capitale de la Bresse, et à 9 heures les fidèles ont rempli les nefs et les chapelles de notre église paroissiale qui, même à côté de la splendide basilique de Brou, frappe toujours les regards par la gracieuse ampleur de ses lignes.

Les sept cloches avaient été disposées et élevées dans le milieu de la grande nef; leur coupe élégante se dessinait sous la transparence de fines broderies, et le bourdon dominait ce rare assemblage de toute sa majesté.

Les parrains et les marraines ont pris place, chacun devant la cloche qu'il devait tenir, et sur des fauteuils rangés entre les deux lignes de cloches.

C'était un charmant tableau que celui que présentaient les petits parrains et les petites marraines, solennellement introduits dans le sanctuaire, s'asseyant sur des siéges élégants, et accomplissant leurs fonctions avec une certaine dignité : c'étaient les grâces de la jeunesse mêlées à toute la gravité des cérémonies religieuses.

Nous ne donnerons pas ici de détails sur le bourdon sorti des fonderies de M. Morel, de Lyon ; la description en a été écrite plus loin, avec une fidélité remarquable, par M. Jules Baux, le savant historien de notre église de Brou et de l'église de Notre-Dame.

Pendant la messe, dite par Mgr. Chalandon, l'orgue, tenu par M. Grégori, et la musique des Frères alternaient leurs chants harmonieux.

Après la messe, Mgr est monté en chaire, et a pris pour texte de son allocution ces paroles du dernier verset du dernier psaume : *Laudate Dominum in cymbalis bene sonantibus, laudate eum in cymbalis jubilationis ;* il a dit qu'il ne fallait pas seulement prier Dieu, mais entonner sa gloire par des chants et des cantiques : tel est le sens des fêtes chrétiennes.

Les cloches répondent par leurs sons et leurs vibrations aériennes à tous les besoins de l'âme, à toutes nos destinées ici-bas. L'orateur chrétien les a montrées s'unissant à nous par de joyeuses volées à notre entrée dans le monde, puis dans toutes les phases importantes de notre vie, jusqu'au moment où leur glas funèbre se mêle à l'éternel adieu que nous faisons à la terre pour reprendre une autre vie. Ah ! puisse ce dernier son, a-t-il dit, se faire long-temps attendre pour vous tous.

Mais puisse bientôt, s'écrie avec animation le prélat, puisse le bruit de ces sept cloches se mêler bientôt au chant du *Te Deum* pour vous annoncer la chûte des remparts de Sébastopol devant une armée bénie de Dieu, comme autrefois les trompettes firent tomber les murs de Jéricho.

Le prélat adresse ensuite, avec une délicatesse remarquable, ses remercîments aux parrains et marraines, à tous ceux qui ont voulu contribuer à cet accroissement du service du Seigneur, au prêtre modeste, donateur du bourdon, au pasteur zélé de cette paroisse, aux jeunes demoiselles dont les gracieux cantiques s'élèvent vers le Ciel, aux artistes et aux élèves qui, soit à l'orgue, soit par la musique instrumentale, ajoutent à l'éclat des cérémonies religieuses; — remercîments aussi pour le fondeur habile qui a voulu ajouter les richesses de l'art à la sonorité harmonieuse et cadencée des cloches; remercîments enfin aux braves ouvriers de la cité pour leurs travaux déjà accomplis, et qu'ils devront, comme on l'espère, conduire sans accident à leur dernier terme, en élevant le bourdon sur son beffroi.

Nous regrettons de ne pouvoir reproduire toutes les pensées sérieuses, toutes les nuances faciles de ce discours qui correspondait bien à l'émotion des nombreux auditeurs.

Bientôt après, Mgr, suivi de MM. les vicaires généraux, entouré d'un nombreux clergé, a procédé à la bénédiction des cloches et à ces cérémonies qui toutes ont un sens si religieux et si poétique; puis le battant de chaque cloche, agité successivement soit par le prélat officiant, soit par les parrains et marraines, a révélé la pureté et la justesse des sons. Alors les sept encensoirs, fumant sous chaque cloche, parfumaient l'air et le chant majestueux des psaumes remplissait ces mêmes voûtes, où s'agenouillèrent nos pères, il y a 300 ans, lorsqu'ils eurent, au prix de grands sacrifices , fondé notre belle église au milieu même de la cité.

N'oublions pas d'ajouter que les ornements que portait le prélat officiant étaient neufs et dus à la générosité de deux des marraines ; le premier était une chasuble en drap d'or, avec tous ses accessoires. Elle est rehaussée par des roses d'or. Au dos se voit un agneau pascal en bosse reposant sur le livre des sept sceaux ; la chappe blanche , rehaussée aussi d'or, porte entrelacés les chiffres de Marie.

Ces deux ornements ont été offerts à l'église de Bourg et sortent, l'un, des fabriques de Paris ; l'autre de celles de Lyon. Ils sont d'un travail exquis et rappellent la belle facture liturgique de l'église romaine , où tout s'harmonise pour la piété et l'art.

Après ces détails , qui sont de l'histoire , et que nos descendants aimeront à retrouver , disons aussi que la poésie est venue payer son tribut à cette fête par des strophes dues à l'un de nos plus honorables concitoyens , dont l'esprit est toujours au niveau du cœur.

Voilà par quels élans pieux notre population a célébré la bienvenue de ces sept cloches , et cette fête rappelait véritablement les solennités de l'ancienne église ; c'était la mise en action des plus brillantes pages de M. de Châteaubriand dans son *Génie du Christianisme.*

Pourquoi les peuples aiment-ils tant ces magnificences chrétiennes ? C'est qu'ils sentent bien qu'il y a là toute la puissance de la foi et quelque chose d'élevé , qui arrache l'homme aux intérêts d'ici-bas pour lui ouvrir les portes éternelles.

Et. Milliet.

LE BOURDON

DE NOTRE-DAME

DE BOURG-EN-BRESSE.

Le 25 mai 1855, à quatre heures de l'après midi, faisait son entrée à Bourg, monté sur un char élevé et massif traîné par cinq vigoureux chevaux, le bourdon que notre ville doit à la pieuse libéralité de M. Claude Roux, prêtre habitué de la paroisse. Six autres cloches, portées sur deux chars et sorties, comme le bourdon, de la fonderie de M. Morel, de Lyon, complétaient cet imposant cortége. Il fallait voir accourir sur son passage la foule haletante de curiosité, curiosité hélas ! vivement désappointée, car le bourdon était dissimulé sous un triple manteau de papier, de toile cirée et de planches. Ce n'a été que le jour suivant et à grands renforts de bras et d'engins qu'il a été possible d'introduire le bourdon dans l'église. Alors il a fallu céder aux irrésistibles exigences de la curiosité publique, et lorsque la dernière enveloppe a été enlevée, un hourra de contentement et d'admiration s'est fait entendre ; c'était justice, car non seulement une masse de bronze se révélait aux regards de l'assistance, mais une composition artistique d'un galbe admirable et d'une éblouissante richesse de décoration. Je ne sais si la description qui va suivre sera de nature à satisfaire les visiteurs, elle aura toutefois ce mérite d'être la reproduction fidèle des explications qui m'ont été fournies par l'auteur même de cette œuvre remarquable, lorsque j'ai été délégué à Lyon par le conseil de fabrique pour en faire la réception.

Un mot d'histoire sur le lieu et l'époque de l'invention des cloches, sur leurs divers usages, nous paraît être un préambule indispensable à la description du bourdon de Bourg.

Les historiens s'accordent à dire que ce fut au cinquième siècle de notre ère et à Nole, ville de la Campanie, que les premières cloches ont été fondues ; saint Paulin, évêque de cette ville, fut le premier qui les fit servir au culte divin. En France et en Angleterre, l'usage de convoquer le peuple à l'église par le son des cloches ne fut introduit qu'au septième siècle. Cet usage, depuis lors, devint général. Un auteur du moyen-âge a concentré dans les deux vers latins qui suivent les usages auxquels s'appliquent les cloches :

Laudo Deum verum, plebem voco, congrego clerum,
Defunctos ploro, pestem fugo, festa decoro,

Un des privilèges que réclamaient les communes au moyen-âge consistait dans le droit d'avoir une cloche pour convoquer les habitants. La plupart des villes possèdent encore cette cloche municipale. Une commune qui avait encouru l'animadversion royale était privée du droit de cloche. C'est ainsi qu'en 1332 Charles-le-Bel, qui avait à se plaindre des habitants de Laon, prononça un arrêt qui enlevait à cette ville le droit d'échevinage et de cloche. Pareil traitement fut infligé à la ville de Bordeaux en

1548 pour cause de rébellion. De ce droit communal de cloche dérivait en France l'appellation de *gentilhomme de cloche*, qui était donnée aux bourgeois annoblis pour avoir rempli les charges de mairie et d'échevinage, lesquelles étaient conférées au son de la cloche municipale. Le droit de la guerre autorisait le grand-maître de l'artillerie à s'emparer des cloches d'une ville prise d'assaut. On se rappelle à ce sujet la réclamation que fit valoir auprès des syndics de Bourg le capitaine Castanet, qui avait attaché le pétard à la porte de Mâcon lors du siège et de la prise de Bourg par le maréchal Biron.

Beaucoup de choses nous resteraient à dire sur les cloches en général, mais il est temps d'arriver à la description de notre bourdon. Commençons par ce qui est essentiel : la matière et le son. L'alliage métallique, qui entre dans la composition des cloches, est de 79 parties de cuivre et de 21 parties d'étain sur cent. L'analyse du métal de nos cloches fait à Bourg par les soins de M. Joz, professeur de chimie au collége de Bourg, assisté de M. Ravet, pharmacien de notre ville, nous a fourni la preuve que M. Morel s'était conformé scrupuleusement aux conditions requises pour la bonté du métal.

Quant au son : le bourdon et les cloches ont été entendus par les musiciens les plus habiles de Lyon qui tous ont loué l'ampleur et la pureté de leur timbre. La tonnalité du bourdon sera, dit-on, à peu de chose près la même que celle du bourdon de Saint-Jean de Lyon, dont le poids est double. Il est, de plus, en parfait accord avec les huit autres cloches destinées à composer le carillon.

Pour examiner avec méthode la décoration du bourdon nous le diviserons par zônes et nous commencerons par la première que l'on nomme *sommet*. A ce sommet du bourdon se trouve l'anse principale, ou mère anse, autour de laquelle rayonnent six anses secondaires qui se présentent sous la forme éminemment gracieuse d'anges vêtus, à chevelure ondoyante, agenouillés, les mains jointes sur la poitrine dans l'attitude de la prière et du ravissement céleste. Ce qu'il y a de remarquable dans ce groupe, c'est que vus d'ensemble et à distance, les anges forment une sorte de diadême qui donne au bourdon un splendide amortissement; ajoutons que l'habile maître a dessiné la forme du joug qui doit surmonter le bourdon de façon à laisser à cet amortissement toute son apparence et son relief.

La deuxième zône, soit *le cerveau*, est accusée par un collier de perles. Vient ensuite une somptueuse ornementation, composée de feuilles d'acanthe, entremêlées de feuilles de plantin, surgissant elles-mêmes d'un rang serré de feuilles d'eau.

C'est encore par une bordure de perles, mais de perles d'un style différent des premières, que nous apparaît la troisième zône, nommée *le listel*, sur laquelle nous remarquons tout d'abord quatre médaillons principaux, 1° celui de la sainte Vierge, patronne de la ville de Bourg et de l'église Notre-Dame, qui est représentée nimbée de sept étoiles et environnée d'une auréole radiée. — Le deuxième médaillon nous représente le Christ nimbé, avec ces mots : *Jhesus Xristus, D. N. (Dominus noster.)* Ces deux médaillons sont alternés 1° par l'écusson de Mgr Chalandon et par le portrait de N. S. Père le Pape, avec ces mots : *Pius IX. Pont. Max.* Ce portrait du Saint Père est d'une parfaite ressemblance, ainsi que j'ai pu le constater en le confrontant avec une médaille de grand module que je possède, frappée à Rome en 1850, à l'occasion du retour du Pape dans ses Etats. Le portrait que nous offre le bourdon est placé dans une couronné formée de douze rinceaux, contenant les emblêmes des douze apôtres. A la base de la couronne se trouvent les armes pontificales, la tiare et les clefs en sautoir. N'oublions pas de faire remarquer au spectateur les emblêmes des quatre évangélistes, représentés par le lion, l'aigle, l'ange et le bœuf, qui dans l'ordre de cette énumération nous représentent saint Marc, saint Jean, saint Mathieu et saint Luc.

Quatre inscriptions en lettres romaines du caractère le plus pur s'enroulent autour de la cloche dans la paroi qui termine le listel. La première est la devise propre du bourdon, empruntée au psaume 28 : « *Vox Domini in virtute, vox Domini in magnificentia.* » (La voix du Seigneur se fait entendre avec force; la voix du Seigneur est éclatante.)

La deuxième inscription porte les noms et les armes de Mgr Chalandon, prélat consécrateur, et les prénoms accolés du parrain et de la marraine, qui deviennent ceux de la cloche.

Bénite par Mgr Georges Chalandon, évêque de Belley, je m'appelle Marie-Charlotte.

La troisième inscription reproduit les noms et les qualités du parrain et de la marraine.

Parrain, M. Charles Bernard, maire de Bourg-en-Bresse; marraine, dame Marie, comtesse de Murard-Yvours, née de Gerland.

La quatrième, enfin, est destinée à perpétuer le nom du vénérable et généreux donateur du bourdon, ainsi que la date de cette mémorable donation.

Donateur, M. l'abbé Claude Roux, sous l'administration de M. Huet, curé de N.-D. de Bourg. MDCCCLIV.

Passons maintenant à la quatrième zône, la *ceinture* de la cloche, circonscrite entre deux élégantes bordures et comprenant 14 médaillons et 14 rosaces. Les deux médaillons principaux sont ceux qui renferment les monogrammes du Christ et de la Vierge, le premier exprimé en caractère grec, le second en caractère bysantin. Le monogramme du Christ est formé du *X* et du *P* enlacés, placés entre l'alpha et l'omega, ce qui revient à dire que le Christ est le commencement et la fin de toute chose. Le monogramme de la Vierge se compose d'un *M* bysantin, lettre initiale du nom de Marie, accosté des figures du soleil et de la lune, avec le passage du Cantique des Cantiques: *Pulchra ut luna, electa ut sol.* La croix qui s'élève du milieu de cette lettre est le symbole de la naissance du Fils de Dieu dans le sein de la Vierge. Les douze autres médaillons reproduisent les figures et les bustes des douze apôtres, avec leurs noms. Saint Pierre, placé au-dessous du Christ qui semble lui adresser la parole, et l'apôtre saint Jean au-dessous de la Vierge Marie, rappellent cette double allocution du Sauveur: *Tu es Pierre et sur cette pierre,* etc. *Femme, voilà votre fils,* etc.

La cinquième zône forme ce qu'on appelle le corps du bourdon, qui représente un semé d'étoiles disposé en quinconce. A la suite du semé d'étoiles commence la sixième zône où se trouvent 12 médaillons, encadrés dans des couronnes, qui reproduisent dans leur ordre chronologique les principaux épisodes de la vie de la sainte Vierge, depuis sa naissance jusques à son couronnement dans le Ciel. On ne saurait trop admirer ni louer le mérite de chacune de ces compositions, empruntées aux œuvres des plus grands maîtres et rendues par le fondeur avec un fini égal à celui qu'on pourrait attendre du ciseleur le plus exercé.

Enfin, l'ornement de la doucine qui tapisse la partie inférieure et terminale de la cloche est formé de longues bandes parallèles de feuilles d'acanthe, qui semblent sortir de dessous un autre rang de petites feuilles qui rappellent celles que nous avons vues au *cerveau* de la cloche. Sur ces petites feuilles se trouve le nom du fondeur, G. Morel, et les amateurs d'énigmes et d'anagrammes trouveront au-dessous de ce nom une série de lettres qui pourront long-temps peut-être défier leur pénétration. Je confesse humblement qu'elles sont pour moi lettres closes.

En terminant cette description, nous remarquerons que le fondeur ou, pour mieux dire, l'artiste qui a composé cette ingénieuse décoration, outre le mérite plastique, a su donner aux ornements qu'il a créés un sens symbolique et figuratif, puisé dans la connaissance des livres saints et de la liturgie catholique. Les litanies de la Ste-Vierge lui ont suggéré ses plus beaux motifs. Les six anges placés au *cerveau*, rappellent le *Regina Angelorum*, le semé d'étoiles le *Stella Matutina*. Les petites églantines qui garnissent les vides des inscriptions le *Rosa mystica*. Les médaillons des apôtres — le *Regina Apostolorum*. Le nombre symbolique 7, et les multiples est répété plusieurs fois — les sept divisions de la décoration, les sept anses, les quatorze médaillons, etc., etc.

Bourg-en-Bresse, à qui est destiné le bourdon, a ses emblêmes particuliers figurés par la croix trèflée qui figure dans ses armes et par ces gerbes de blé qui indiquent sa production première et essentielle. Le coq et les poules que j'aperçois sur la mère anse au sommet de la cloche me semblent encore placés là à dessein pour figurer un des produits, qui jouent un rôle assez important dans la richesse et la célébrité de la Bresse.

Le poids du bourdon est de 3,953 kilogrammes : celui du battant est de 214 id. Ce poids est peu considérable si nous le comparons à celui des bourdons dignes de mémoire tels, par exemple, que celui de Rouen, donné par le cardinal d'Amboise, qui pesait, dit-on, 40,000 livres, lequel n'était qu'un myrmidon comparé à celui qui fut fondu en Russie, dans l'année 1817, pour le Kremlin et qui pèse, assure-t-on, 130,000 livres. Mais si notre bourdon est inférieur par le poids aux géants dont nous venons de parler, il rachète et au-delà cet inconvénient, si c'en est un, par la distinction du son et par l'incomparable richesse de sa décoration.

Il nous resterait à parler des six autres cloches fournies par M. Morel à l'église de Bourg. Chacune d'elles mériterait une mention et une description spéciale. Mais le temps nous manque. Nous terminerons en félicitant, au nom du conseil de fabrique et des habitants de notre ville, le fondeur distingué et consciencieux de ce qu'il a, je ne dirai pas rempli, mais surpassé leur attente.

Je me bornerai à donner les inscriptions que portent ces cloches et la désignation de leurs parrains et marraines :

1re.

Vespere et mane et meridie narrabo et annuntiabo et exaudiet vocem meam. Ps. LIV.

JE M'APPELLE ANTOINETTE.

PARRAIN, M. ETIENNE-HENRI ROYER DE LA BASTIE ;

MARRAINE, Mme ANTOINETTE CHEVRIER DE CORCELLES, NÉE DE MIGIEUX.

CURÉ DE BOURG-EN-BRESSE, M. HUET. MDCCCLIV.

G. MOREL, A LYON.

13

2e.

Laudate Dominum in cymbalis bene sonantibus. Ps. CL.

JE M'APPELLE HUGUETTE.

PARRAIN, M. PROSPER RODET, JUGE DE PAIX ;

MARRAINE, Mme HUGUETTE-NELLY PUVIS, NÉE RICARD.

CURÉ DE BOURG-EN-BRESSE, M. HUET. MDCCCLIV.

G. MOREL, A LYON.

3e.

Cantate Domino canticum novum. Ps. XCV.

JE M'APPELLE CÉLINE.

PARRAIN, M. CHARLES MARTIN, ARCHITECTE DÉPARTEMENTAL ;

MARRAINE, Mme CATHERINE-CÉLINE HUGON, NÉE MICHEL.

CURÉ DE BOURG-EN-BRESSE, M. HUET. MDCCCLIV.

G. MOREL, A LYON.

4e.

Sonet vox tua in auribus meis, vox enim tua dulcis. C. c. 11

PARRAIN, M. JULES BAUX ;

MARRAINE, Mlle MARIE-ANTOINETTE-GABRIELLE PUVIS.

PAROISSE DE N.-D. DE BOURG. CURÉ, M. HUET. MDCCCLIV.

G. MOREL, A LYON.

5ᵉ.

Omnis spiritus laudet Dominum, Alleluia. Ps. CL.

PARRAIN, M. CLAUDE-MARIE-AIMÉ BOUVIER;

MARRAINE, Mlle MARIE HEDWIGE GUILLON.

PAROISSE DE N.-D. DE BOURG. CURÉ, M. HUET. MDCCCLIV.

G. MOREL, A LYON.

6ᵉ.

Laudate pueri Dominum, laudate nomen Domini. Ps. CXII.

PARRAIN, M. MARIE-JOSEPH DU MARCHÉ;

MARRAINE, Mlle MARGUERITE SALESSE.

PAROISSE DE N.-D. DE BOURG. CURÉ, M. HUET. MDCCCLIV.

G. MOREL, A LYON.

J. BAUX.

Bourg, le 30 mai 1855.

LE BOURDON.

STANCES.

Au temple saint quelle pompe s'apprête ?
Pourquoi tous ces habits de fête
Et ce peuple en foule arrivé ?
— Au sommet de la basilique
Un bourdon, œuvre magnifique,
Va par nos mains être élevé.

Don spontané d'un prêtre qu'on révère,
Sa voix grave et puissante, en jetant à la terre
Ses accents purs, mélodieux,
Passe par-delà les nuages
Et porte nos vœux, nos hommages
Au Maître souverain des Cieux.

Ah ! puisse cette voix féconde
De Celui qui créa le monde
Sans cesse rappelant les droits et le pouvoir;
Nous dire aussi qu'il entend qu'on le serve
Pour mériter le haut prix qu'il réserve
A quiconque fait son devoir.

Sous ces vastes et saints portiques,
Adressons de pieux cantiques
A ce Dieu que nous aimons tous,
Et de son trône de lumière
Accueillant nos humbles prières,
Toujours il veillera sur nous.

Au loin il veille aussi sur les fils de la France;
Il soutient la foi, l'espérance
Aux cœurs de nos vaillants soldats.
N'en doutons point. Si sa main tutélaire
Fait régner la paix sur la terre,
C'est encor le Dieu des combats.

Oui, j'en ai la ferme assurance,
De leur ardeur, de leur constance
Il couronnera les efforts.
Vous, maintenant silencieuses,
Elevez vos voix radieuses;
Cloches, bourdon, tonnez alors.

Ah ! qu'en ce jour béni vos joyeuses volées,

Jusqu'aux demeures étoilées

Prenant un essor glorieux,

Se dressent comme un flot immense

Et portent jusqu'à Dieu, qui protège la France,

Ce cri, si cher à nos aïeux,

Cri d'amour, de reconnaissance :

Salut. honneur sans fin. gloire au plus haut des Cieux.

Vte DE LA BOULAYE.